ACTION

DES

IMPÔTS SUR LE TRAVAIL,

OU ORIGINE

DU PRIX NATUREL DES CHOSES.

PAR

MALLET DE CHILLY.

Orléans,

DE L'IMPRIMERIE D'ALEXANDRE JACOB,

RUE BOURGOGNE-SAINT-SAUVEUR, N. 34.

M DCCC XXXVI.

Sic fata voluerunt libelli.

Ce petit travail avait été préparé pour une Académie de province; mais, toute réflextion faite, je l'ai livré à l'impression, afin d'obtenir une publicité qui m'éclairât sur mes forces, et pût m'exciter à donner jour à un nouveau traité d'économie politique. L'accueil qu'il recevra du public pourra seul me décider à courir les hasards de cette dangereuse publication, dangereuse pour moi seul, car j'ose n'être pas du sentiment des maîtres de la science d'économie politique.

ACTION

DES

IMPOTS SUR LE TRAVAIL,

OU ORIGINE

DU PRIX NATUREL DES CHOSES.

QUEL est le fondement du prix naturel des choses? A cette demande, j'entends les disciples des Smith, des Say me répondre que le prix naturel des choses est dépendant de leur utilité ou de leurs frais de production, ou enfin est la représentation du salaire des producteurs; mais comme cette réponse ne peut pas satisfaire, je demande de nouveau ce qui donne un prix aux salaires et aux frais de production; alors ils me semblent répondre que ce sont les consommations faites pour produire de nouveau, et cette réponse ne me paraissant pas plus satisfaisante que la première, je fais cette nouvelle demande : quel est le fondement du prix naturel d'une consommation première, origine de toutes les consommations postérieures? et je n'obtiens plus de réponse.

Or, c'est cette réponse que je viens vous fournir et pour vous la faire, j'ai besoin de remonter aux premiers âges du monde. Autrefois, c'était la coutume du barreau, aujourd'hui, c'est une nécessité pour l'économie politique, si on veut savoir d'où elle vient, où elle va.

Les premiers hommes produisirent pour leur besoin et uniquement ce qu'ils consommaient. La terre fertile répondait alors à de légers travaux par d'abondantes récoltes. Quand les familles s'accrurent, la terre répondit encore à leurs désirs, un léger accroissement du travail satisfit à leurs besoins.

Ce qui, alors, était produit par les premiers hommes pour leurs besoins, n'était point échangeable, car nul ne manquait de ce qui lui était nécessaire; car nul ne créait, ne possédait que pour ses besoins. Leur production avait pour chacun d'eux une *valeur* inestimable, puisqu'elle devait être la satisfaction d'un besoin, une cause de vie. Elle n'avait donc point de prix et ne pouvait en avoir, puisqu'on ne pouvait s'en dessaisir sans un inévitable dommage.

Mais dès que l'un d'eux eût produit au-delà de ses besoins et de ceux de sa famille, il obtint pour fruit du travail qui l'avait nourri ainsi que ses enfans un superflu, et ce superflu fut pour lui un bénéfice ou profit, profit qui aurait été stérile et sans valeur pour lui, si un autre n'eût pas produit en même temps un superflu d'une autre nature qui leur permit d'échanger ensemble des productions diverses.

Voici donc un premier principe du prix naturel des choses. Un bénéfice créé par le travail nécessaire pour produire les premiers besoins de la vie.

Tant que le système des échanges entre les hommes subsista, ce bénéfice n'eut point de prix. Alors, on n'échangeait qu'un besoin ou une valeur contre un autre besoin ou une autre valeur.

Quand enfin les métaux précieux, l'or et l'argent, furent tirés du sein de la terre, il n'y eut encore dans les premiers instants que des échanges entre les divers producteurs. Les choses nécessaires à la vie, à la jouissance d'autres hommes s'échangeaient contre d'autres choses nécessaires à la vie ou à la jouissance d'autres hommes. Les profits s'échangeaint contre d'autres profits : ainsi, à cette époque, les choses avaient une valeur pour chaque individu et n'avaient pas encore de prix.

Mais, dès que les familles pensèrent à former des sociétés

pour être protégées par un intérêt commun, dès lors il y eut des gouvernemens auxquels ces familles durent donner une partie de leurs profits afin qu'ils eussent les moyens de maintenir l'ordre dans la société. Ce sacrifice était alors léger. La terre produisait abondamment, et d'ailleurs un travail un peu plus continu pouvait procurer des profits aussi considérables qu'auparavant. Il n'y eut donc de changemens par la formation des sociétés, dans le sort de l'homme, que dans la nécessité où il se trouva, de se livrer à un peu plus de travail, car du reste toutes les choses échangeables conservaient la même valeur réciproque.

Un tribut de matières n'étant pas toujours fort commode pour des gouvernemens, des échanges qui ne pouvaient se faire faute de petites divisions dans les choses échangeables, déterminèrent les peuples et les gouvernemens à donner aux matières d'or et d'argent, au cuivre, au fer, qui jusqu'alors s'étaient échangées, une marque, des divisions qui pussent les faire accepter dans les moindres marchés. Un prix fut fixé à ces métaux en rapport avec leurs valeurs d'extraction, et ce prix devint la règle du prix de toutes les choses; mais l'or et l'argent monnayés restèrent dans la même proportion de valeur avec les autres choses que lorsqu'ils s'échangeaint en lingots.

Le prix des choses n'est donc encore ici que la représentation d'un bénéfice primitif.

Autant de temps que l'impôt exigé alors en argent, avec une dénomination quelconque, par les gouvernemens, ne dépassa pas le bénéfice que produisait la fertilité de la terre; autant de temps que le travail put continuer à procurer un bénéfice et la valeur de l'impôt, le prix naturel des choses resta le même, toujours la représentation d'un bénéfice et celui-ci put être donné pour la moindre partie de la monnaie; mais dès que l'impôt surpassa le bénéfice procuré par la fertilité du sol et attaqua la production elle-même, c'est-à-dire l'objet des besoins de l'homme, alors le producteur dût accroître sa production, élever le prix des choses de tout ce qu'il donnait à l'impôt.

Ainsi se manifeste le second principe du prix des choses, un impôt ajouté à un bénéfice. Autrement le bénéfice aurait disparu entièrement, et avec lui la richesse qui n'en est que la conséquence.

Il était rationnel que le producteur, pour maintenir son profit, demandât au consommateur la valeur de l'impôt, autrement, en restant lui-même chargé de l'impôt, il anéantissait son profit qui passait entièrement entre les mains des gouvernemens. Il cessait d'avoir la volonté de produire puisqu'il cessait d'avoir intérêt à travailler, et l'émigration lui souriait comme devant améliorer sa position. Aussi est-ce depuis ce temps qu'il existe une lutte énergique entre le consommateur et le producteur; le premier voulant payer le moins possible; le second ne voulant pas travailler sans profit: de là est résultée cette situation dans laquelle nous voyons tous les peuples ou le producteur ne produit rien s'il n'y trouve son profit, ou le consommateur résiste à payer plus jusqu'au moment où l'extrême besoin lui fait une loi d'acquérir et de consommer. Or, s'il en est ainsi, on voit de suite que le prix naturel des choses est composé de bénéfice et se trouve augmenté du montant de l'impôt payé par le producteur, car, je le répète, celui-ci ne produirait rien s'il ne devait obtenir un bénéfice pour fruit de ses travaux.

A la vérité, le prix des choses ne s'accroit pas par l'impôt aussi vite que cela serait, si la totalité de l'impôt entrait dans leur prix, parce que la résistance des consommateurs à les payer ce qu'elles coûtent, à fournir le bénéfice du producteur, force celui-ci à se procurer les moyens les plus économiques pour produire. Ainsi l'emploi des machines, la diminution des matières dans la production, l'amélioration des procédés, le perfectionnement de l'agriculture et de l'industrie en un mot, prennent leur cause dans la nécessité de maintenir le prix des productions au niveau de celui que payait naguères le consommateur et donnent au producteur les moyens de payer l'impôt sans affaiblir ou détruire son profit ou bénéfice.

Quand je dis que l'impôt passe dans le prix des choses, je ne dis rien qui ne soit évident; le coton, l'indigo, le cacao, le sucre, le sel, par exemple, arrivent dans nos ports ou nos villes avec un prix qui n'est que la représentation d'un bénéfice; mais alors qu'ils ont payé les droits de douanes ou d'impôts indirects, ils entrent dans la consommation, avec un prix qui est la représentation d'un bénéfice et d'un impôt.

Le salaire de l'ouvrier n'a lui-même d'autre fondement qu'un bénéfice et un impôt. Chaque homme produit plus qu'il ne consomme, autrement il n'aurait pas de bénéfices ni de moyens de satisfaire aux consommations des autres. Or, si chaque individu produit plus qu'il ne consomme, l'ouvrier est dans la même position; et son salaire se trouve composé d'abord de ce qui lui est nécessaire pour vivre, ensuite des bénéfices qu'il tire de son travail, s'il a, comme dans l'origine, produit lui-même ses moyens de consommation; enfin de l'impôt auquel il est assujéti comme membre d'une société. Ainsi, lorsqu'il reçoit un salaire, il ne reçoit que le prix d'un bénéfice et d'un impôt, car ce qu'il consomme pour vivre, quand il ne le produit pas, est un bénéfice produit par un autre et qui est remplacé par une partie de son travail.

De même que le commerçant fait des frais, paie des impôts, qu'il se fait rembourser par le consommateur, de même l'ouvrier fait payer au même consommateur ses frais et ses impôts.

Les impôts sont payés par tous les individus qui forment l'état, et chacun de ces individus est producteur directement ou indirectement. Le capitaliste, le rentier sont producteurs indirects par leurs capitaux ou leurs fermes. Comme tels, ils font supporter à la production la somme d'impôt dont ils sont chargés, suivant l'importance de leurs productions.

Le plus ou moins de difficultés qu'ils éprouvent à cet égard n'est d'aucune considération dans ce moment. Ainsi, celui-ci ne l'augmente que d'un centime, tandis que cet autre doit l'augmenter de deux centimes, parce qu'il produit moitié moins. Le bénéfice de ce dernier est donc altéré lorsqu'il vend au même prix parce qu'il donne pour le paiement de l'impôt, tandis que l'autre retire son profit et son impôt par la vente de sa production. Celui-là donc qui n'a plus d'avantage dans la vente de ses produits doit recourir à des moyens industriels particuliers pour établir le niveau avec son concurrent, ou il doit cesser de produire.

Comme tous les hommes sont producteurs, ils sont également consommateurs. Je sais que l'on a fait des distinctions à cet égard; mais elles me sont indifférentes. S'ils sont consommateurs en même temps que producteurs, qui ne voit alors que tous remboursent aux producteurs la valeur de leur bénéfice et celle de leurs impôts, de la même manière qu'après avoir consommé et produit de nouveau ils demandent à d'autres consommateurs producteurs leurs avances, leurs bénéfices et leurs impôts.

Par l'exposition de ces principes, je crois permis de penser, 1°, que tandis que la terre fournit, par sa fertilité naturelle, à nos besoins, avec le moins de travail possible, en donnant un bénéfice que je dirais naturel, le prix des choses qui n'a point alors d'autre fondement que l'existence d'une production qui n'est pas le résultat d'un travail obligé, qui est l'effet du hasard est extrêmement minime, et que la plus légère fraction de monnaie peut l'acquérir.

2°, Que lorsque l'impôt vient à diminuer ce bénéfice naturel, vient commander un travail forcé pour le maintenir dans son intégrité, en le remplaçant, alors l'existence de la production n'est encore qu'un bénéfice qui est la représentation d'un travail obligé par l'impôt, et qu'elle n'a point encore d'autre prix que celui que lui transmet sa qualité d'être le produit de la fertilité naturelle du sol et qu'ainsi le prix de la production reste encore minime comme auparavant.

3°, Que lorsque l'impôt a atteint les limites du bénéfice que procure la fertilité du sol, ou lorsqu'il en a aminci les proportions convenables, le prix des choses est chargé naturellement par le producteur qui veut maintenir son profit, de la somme d'impôts qu'il paie ; qu'ainsi le prix des choses va en augmentant annuellement quand il n'est point affaibli par des améliorations industrielles produites pour diminuer le travail, ce qui est rendu évident par l'augmentation du prix des terres, lesquelles ne sont ni extensibles ni perfectibles, et le maintien ou la baisse du prix naturel des productions, lesquelles sont extensibles et perfectibles ;

4°, Que le travail s'accroît par la nécessité de créer un bénéfice analogue à celui que la terre donnait naturellement et qui est absorbé par l'impôt, de sorte que celui même qui est fourni par le travail, alors que l'impôt l'obtient également, est constamment fourni par un nouveau travail et est aussi constamment la représentation d'un bénéfice naturel ;

5°, Que le prix naturel de la production du travail n'est dans tous les temps que la représentation du bénéfice naturel primitif ; que le prix de la laine, par exemple, est égal aux profits des propriétaires, des capitalistes, des fermiers, des domestiques de ferme, etc., lesquels profits sont connus sous le nom de fermages, d'intérêts, de profits industriels et de salaires, et que les productions auxquelles la laine sert de principe n'accroissent leurs prix que par les profits naturels de tous ceux qui y emploient leur industrie ;

6°, Que le prix naturel de la prodution du travail s'accroît dans tous les temps par l'addition successive du montant des impôts qui sont imposés à chaque production, en raison de sa qualité, par chacun des producteurs, alors qu'elle sort de ses mains ; de sorte qu'un kilo de laine qui, dans la main du fermier, n'avait qu'un prix de deux francs, peut valoir douze francs alors qu'il s'est incorporé la valeur de tous les bénéfices et de tous les impôts de ceux qui l'ont manipulé pour lui donner l'état dans lequel il vaut 12 francs ;

7°, Que le prix naturel de la production est d'autant moins élevé, par exemple, le prix naturel du blé, abstraction faite des événemens majeurs ; qu'elle passe par un moins grand nombre de mains pour arriver aux consommateurs, et que l'infériorité de son prix tient essentiellement à la petite quantité de bénéfices et d'impôts qui la grèvent par suite de cet état de choses. Ainsi le blé vaut 3 fr. par mesure chez le premier producteur, valeur, bénéfices et impôts. En sortant des mains du meunier, il vaut 3 fr. 32 cent., y compris 2 cent. d'impôt et 10 pour cent de profit pour le meunier. Chez le boulanger il vaudrait 3 fr. 67 cent. 2 centièmes, en supposant également celui-ci prenant dix pour cent de bénéfice et 2 cent. pour l'impôt; de sorte que si l'on poussait cette augmentation du prix par les bénéfices et les impôts, dans la proportion que je viens d'indiquer, jusqu'au dixième travailleur, on trouverait que, ce qui dans l'origine vaut 3 fr., vaudrait 7 fr. 40 c., dont un peu plus de 22 c. auraient été causés par l'impôt de 2 cent. que chaque producteur aurait payé et aurait imposé au produit.

Ce n'est pas, néanmoins, dans cette proportion que l'impôt passe dans le prix des choses. Un ouvrier qui paie 3 fr. d'impôts directs, et qui produit annuellement pour 300 fr., n'augmente le prix des choses qu'il produit que d'un centime par franc; tandis que celui qui paie 1,000 fr. d'impôts, et qui produit pour 300,000 fr., augmente le prix des choses d'un tiers de centime.

Dans l'Angleterre, dont la population est moitié de celle de la France, on paie à peu près le même impôt qu'en France. La répartition de cet impôt n'affecte pas plus sensiblement sa propriété foncière et ses productions; car cent milliards à peu près sont la richesse de chacun de ces deux pays. L'augmentation du prix des choses est donc d'environ un centime par franc, chaque année, dans les deux pays.

Quand l'ouvrier de ces deux pays augmente proportionnellement plus que le riche commerçant, par l'adjonction de son impôt, le prix de ses produits, et s'il y a pour lui, en raison de ce fait, plus de difficulté à faire passer son impôt dans la production, d'un autre côté il a un avantage que le riche ne peut obtenir. En effet, l'ouvrier consomme les produits les plus simples, ceux qui ont passé par le moins de mains, par conséquent ceux qui sont chargés de moins d'impôts et de bénéfices dans leurs prix ; tandis que le riche à qui il ne faut que des produits parfaitement établis, lesquels ont dû passer par un très-grand nombre de mains, ne les obtient qu'à des prix très-élevés, qui renferment une grande masse d'impôts et de profits, ou, pour mieux dire, qui renferment une grande masse de travail qui en est la représentation.

8°. Que le prix naturel des choses résultant de ce que je viens de dire est établi ainsi chez toutes les nations ; que celles qui paient le plus d'impôts produiraient plus chèrement que les autres, si, par le moyen d'une industrie perfectionnée, elles ne trouvaient le moyen de baisser le prix des choses ; que chez elles il y a plus de travail, afin d'obtenir le bénéfice naturel que l'impôt leur a enlevé depuis long-temps et qu'elles remplacent par son moyen ; que chez toutes les nations où l'impôt est moindre, il y a d'autant moins de travail qu'il n'est pas nécessaire de remplacer le bénéfice naturel produit par la fertilité du sol, puisque ce bénéfice n'est pas entièrement altéré et ne l'est qu'en partie par l'impôt, que dès lors les productions n'y ont qu'un faible prix.

Ainsi l'Angleterre a vu croître son industrie, son travail, précisément en face d'impôts considérables, et elle s'est élevée au plus haut degré de prospérité, parce qu'elle payait beaucoup d'impôts. Ainsi la France a vu également croître son travail quand ses impôts ont augmenté. L'Irlande paie moins d'impôts, proportionnellement, que l'Angleterre et la France ; l'Irlande est misérable, parce qu'il n'y a pas de travail dans ce pays autant qu'il devrait y en exister. Une administration vicieuse, le pays traité en pays conquis, arrêtent l'élan du travail. Voilà ce qui cause sa misère et non point l'impôt ; car payant moins d'impôts que l'Angleterre et la France, elle devrait être plus heureuse que ces deux pays.

Quand on considère l'effet de l'impôt sur les Iles Britanniques, on voit tracée à larges traits son influence sur le travail ; celui-ci est double de celui de la France. De la même manière que l'impôt est double pour l'Angleterre, relativement à sa population, de la même manière aussi la richesse de l'Angleterre est double de celle de la France ; et quand on veut se rendre compte comment le travail peut y produire à plus bas prix qu'en France, on en trouve une raison pertinente dans l'impôt, qui a produit en Angleterre une surexcitation de travail et du génie inventif pour le suppléer, équivalant à un et un sixième du travail ; de sorte qu'il existe dans les Iles-Britanniques deux parties et un sixième de travail contre une partie existante en France, et tout cela est le résultat de l'impôt, comme le plus bas prix de ce pays est le résultat de l'impôt.

Aux États-Unis d'Amérique le bas prix des choses est produit également par le bénéfice naturel que procure la fertilité du sol.

L'impôt léger qui est payé par les habitans de ce pays n'a qu'une très-faible influence sur les bénéfices naturels ; il ne les détruit pas, et par conséquent il n'excite pas au travail. Cependant on remarque que le travail y est très demandé, que les salaires sont très-élevés : mais on ne doit voir dans cette circonstance que la volonté et non le besoin de tirer de la terre tout le bénéfice qu'elle peut donner, et il faut se souvenir que les États-Unis, quoique nouveaux, sont aussi avancés que les autres peuples dans la connaissance des avantages que le commerce peut procurer.

Quant à l'élévation des salaires en Amérique, on n'y voit d'autre cause que la volonté de l'ouvrier à prendre part au bénéfice naturel que procure la fertilité du sol, bénéfice qui est très-considérable, et aussi la volonté du propriétaire du sol, qui, pour retenir une partie de ce bénéfice, en abandonne une partie à l'ouvrier, impuissant qu'il serait à le créer lui-même dans la même abondance. Ainsi l'exigence de l'ouvrier est fondée elle-même sur le bénéfice naturel qu'il s'approprie par son travail. Sans doute il existe encore un autre motif de la cherté du travail, dans le haut prix des productions européennes, qui n'arrivent en Amérique que chargées des impôts du pays de production. Dans cette circonstance les ouvriers américains, en achetant les denrées européennes, remboursent aux producteurs une partie de leurs impôts, et ils en rejettent le poids, au moyen de leurs salaires, sur leur pays ; en augmentant le prix de ses denrées dans une proportion quelconque.

Il est donc vrai qu'aux États-Unis d'Amérique comme en tout pays, le prix des choses est un bénéfice naturel et un impôt ; que les salaires élevés n'ont point jusqu'à présent diminué ce bénéfice, à raison de l'extension de l'exploitation des terres dans la même proportion ; que ces salaires élevés sont eux-mêmes un bénéfice naturel, aussi bien que si, propriétaires, les ouvriers eussent cultivé le sol pour leur propre compte, et que le prix des choses serait resté en Amérique aussi bas que possible, si l'impôt payé par les ouvriers, soit à l'égard de leur pays, soit à l'égard des produits européens qu'ils consomment, n'agissait sur le prix du pays.

Aussi l'indépendance de l'Amérique septentrionale ne doit pas être regardée comme une calamité par le peuple anglais : alors il en tirait peu de contributions ; mais depuis que cette contrée est devenue libre, depuis qu'elle a consommé immensément de productions anglaises, elle lui a payé une partie des impôts dont étaient chargés ses produits. A la vérité, en faisant cela, les siens sont devenus aussi plus chers pour les Anglais ; mais ceux qui sont exportés n'en représentant jamais qu'une partie, le pays supporte le reste par la consommation de l'excédent des produits.

Ainsi sont établis, si je ne me trompe, l'origine et les principes du prix des choses. Maintenant il me reste à faire voir aux esprits timides et soupçonneux que les conséquences de mon système n'ont rien de dangereux pour les peuples.

Il ne doit rien coûter, dirait-on, aux gouvernemens rassurés par votre système, d'accroître les impôts. Maintenant ils ont carte blanche ; les producteurs en seront quittes pour augmenter leurs prix, et les consommateurs seront toujours en mesure de les payer.

Évidemment c'est se prêter à une exagération que de tenir un pareil langage ; car les gouvernemens ne peuvent accroître les impôts sans jeter une perturbation quelconque dans le prix des choses; et c'est ce qui résulte de tout ce que j'ai dit jusqu'ici. Comment donc concevoir qu'un gouvernement viendrait se jeter tête baissée dans une pareille situation; il ne convient à aucun d'eux que l'état ne jouisse pas de la plus profonde tranquillité : ils ne feront donc rien pour la troubler ; et cela suffit pour que les gouvernemens ne se croient pas suffisamment autorisés, par mon système, à mettre des impôts. Les nécessités publiques pourront seules les y convier; et encore ces nécessités sont ordinairement reconnues comme telles par la plus grande masse du peuple, ce qui éloigne toute difficulté pour leur établissement.

On ne doit pas perdre de vue, d'ailleurs, que les impôts entrent difficilement, et après une lutte plus ou moins longue , dans le prix des choses; que la probabilité du perfectionnement dans l'industrie décroît à mesure que nous avançons dans la civilisation, et qu'il ne sera pas toujours possible que, par ces perfectionnemens, on puisse neutraliser l'effet de l'impôt et conserver aux choses leurs mêmes prix. De ces considérations je conclus qu'un gouvernement sage n'accroîtra jamais l'impôt que par des raisons supérieures , et ne l'accroîtra jamais en vue de mon système.

Je ne veux point terminer sans donner un appui que je crois décisif aux considérations précédentes , et qui ne laisse point le moindre doute sur l'introduction de l'impôt dans le prix matériel des choses.

On voit dans la statistique du département d'Eure-et-Loire, un relevé de la mercuriale de la ville de Chartres, duquel il résulte que le prix moyen du blé en dix années , 1734 à 1743, a été de 12 fr. le septier, et que d'augmentation en augmentation , ce même septier a valu, de 1824 à 1833, 21 fr. le septier; ainsi, le septier de blé a augmenté de 75 pour 0/0 en cent années.

Cependant, comme en additionnant tous les impôts perçus depuis cent ans, on trouve l'énorme somme de 75 millia comme il est à peu près constant que la propriété foncière n'est actuellement que de 100 milliards, il faut reconnaître que les impôts ont quadruplé la valeur de la propriété foncière, et il faut rechercher comment ils n'ont augmenté le prix du septier de blé que de 75 pour 0/0, au lieu de l'augmenter dans la même proportion que la propriété foncière.

Cela est facile; la production du blé est en quelque sorte illimitée jusqu'à présent : ainsi, il n'a fallu que quelques développemens de l'industrie agricole pour en procurer une plus grande quantité. Plus l'impôt a pesé sur le producteur, plus celui-ci a travaillé pour payer l'impôt, alors il a récolté plus : lors donc qu'il vend maintenant 2 septiers 1/3 de blé au prix de 21 fr., il reçoit autant d'argent que s'il vendait un septier de blé pour 48 fr., comme il aurait dû le faire pour payer la somme de tous les impôts anciens et présens. Ainsi, comme on le voit, en produisant plus, il a pu ne donner à son blé qu'une augmentation de 75 pour 0/0; tandis qu'en produisant moins, il aurait dû quadrupler le prix de 1734.

Cette explication paraîtra sans doute évidente, à tous ceux qui considéreront l'accroissement de la population, en France, depuis cent ans, et l'amélioration de l'existence des individus.

J'ai dit que le prix de la propriété foncière a dû se quadrupler par l'effet des impôts perçus depuis cent ans, et cela n'a rien d'incompatible avec une simple augmentation de 75 pour cent sur les céréales. En effet, la production de celles-ci est illimitée jusqu'à présent, mais il n'en est pas ainsi de la propriété foncière; elle est limitée dans sa quantité, ainsi l'impôt a dû la frapper annuellement et en accroitre le prix de telle sorte que, lorsque la totalité de cette propriété valait 25 milliards en 1734, elle vaut maintenant 100 milliards, parce que l'impôt de cent années, qui se monte à 75 milliards, s'est incorporé à la valeur de 25 milliards.

Cela a dû être ainsi, précisément parce que le septier de blé a augmenté de prix, et ensuite, parce que le fermier a produit davantage. Ainsi, quand le fermier produisait un septier de blé de 12 fr., il payait un fermage proportionnel à son produit ; mais quand il a produit deux septiers un tiers à 21 fr., il a dû aussi payer un fermage proportionnel. Comme le fermage a quadruplé parce que le fermier a quadruplé la valeur de sa production, le prix de la propriété foncière a été quadruplé depuis cent ans, pour être en rapport avec la production.

Au reste, je ne prétends pas dire que toutes les propriétés foncières ont quadruplé en France ; quelques-unes ont sextuplé, d'autres n'ont que tiercé : je ne parle qu'en thèse générale: d'ailleurs, les différences qui existent dans l'augmentation des propriétés entre chaque département de la France, dépendent d'autres causes générales que je ne veux pas examiner dans cet instant.

Il ne paraît pas possible d'expliquer autrement l'augmentation graduelle du prix des choses, et on se tromperait gravement si on pensait en reconnaitre l'origine dans l'augmentation des capitaux, car on prendrait l'effet pour la cause. En réalité, la croissance des capitaux numéraux n'est que la représentation des profits et des impôts, et ils n'influent par eux-mêmes sur le prix des choses, qu'en raison de leur numération qui est toujours subordonnée à l'impôt.

Je ne sais si je ne me trompe pas, mais je crois avoir prouvé dans ce petit écrit que le prix des choses était un bénéfice sur une consommation faite et produite par nous ; que ce prix s'accroissait par l'impôt qui nous enlevait ce bénéfice ; qu'alors le bénéfice produit par un travail plus continu remplaçait le bénéfice absorbé par l'impôt ; et qu'ainsi, plus l'impôt s'accroissait, plus y il avait de travail et d'industrie pour affaiblir le prix des choses. S'il en est ainsi, j'aurai détruit un préjugé contre l'impôt et rendu un service à mon pays, l'objet de tous mes vœux.